AF224556

PÉTITION

DES COLONS D'ALGER

A

LA CHAMBRE DES DÉPUTÉS.

PÉTITION

DES COLONS D'ALGER

A

LA CHAMBRE DES DÉPUTÉS,

SUIVIE

DÉ CELLE DES NÉGOCIANS DE MARSEILLE ET DES DÉLIBÉRATIONS DU CONSEIL MUNICIPAL ET DE LA CHAMBRE DE COMMERCE DE LA MÊME VILLE.

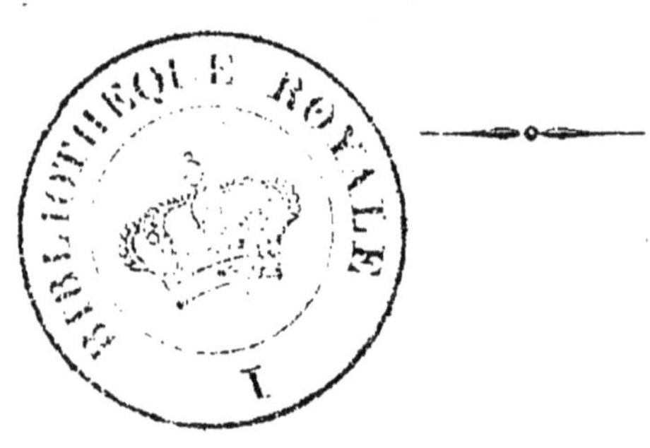

MARSEILLE,

TYPOGRAPHIE DE FEISSAT AÎNÉ ET DEMONCHY,
RUE CANEBIÈRE, N° 19.

1834.

Alger , le 4 Janvier 1834.

.Messieurs les députés ,

Dans l'ordre des événemens de ce siècle qui doivent féconder l'avenir , la conquête d'Alger est sans nul doute au premier rang. Le retentissement qu'elle eut se perdit d'abord dans le bruit des journées de juillet ; et les résultats si beaux qu'elle promettait s'oublièrent dans l'effervescence politique qui suivit notre révolution. Mais enfin les circonstances sont devenues plus favorables à une discussion approfondie de la grave question d'Alger. Les principes dont la civilisation a appris jusqu'ici la puissance et l'utilité, triomphent ou achèvent de mûrir; les agitations de la société se calment, et les diverses théories, lasses de leurs luttes , convergent de leurs sources purement spéculatives vers l'application de projets d'organisation et d'utilité matérielle. L'opinion publique change par une pente naturelle sa direction, et concentre aujourd'hui sa force active et les encouragemens de son attention sur les entreprises de tout genre qui s'exécutent ou se préparent partout en France; entreprises où la richesse nationale va trouver de nouveaux développemens, et l'ordre moral une diversion nécessaire.

Dans ce mouvement général des esprits vers les intérêts positifs, Alger a pris la haute place que son importance lui assignait. Nulle question aujourd'hui ne préoccupe aussi vivement les hommes politiques, nulle n'a une portée aussi vaste. Chaque jour la France le comprend mieux, et témoigne une sollicitude plus jalouse pour la conservation de notre colonie. Le ministère lui-même, éclairé par les manifestations de l'opinion générale si soucieuse de notre conquête, et par tant de raisons d'état dont il connaît la force mieux que personne, pressé aussi par la responsabilité qui pèse sur lui, a voulu prendre l'initiative d'une mesure décisive, et faire cesser enfin le caractère au moins apparent d'incertitude qui domine la ligne politique tracée jusqu'ici à l'administration d'Alger. Mais avant d'engager la France dans la colonisation de la régence et de la lier au sort d'un pays nouveau, le gouvernement a désiré s'entourer de lumières inusitées, et prendre l'avis d'hommes éminens qui eussent vu les lieux, et dans ce but, il a ajourné au rapport de la Commission qu'il a envoyée en Afrique la solution de ses projets. On s'est étonné et non sans quelque raison, que le ministère, instruit par tous les gouverneurs et administrateurs et chefs des divers services militaires et civils qui ont exercé à Alger, manquât de documens et de renseignemens : on ne s'est point expliqué d'une manière satisfaisante, que l'utilité de la colonie, pour la grandeur et la prospérité matérielle de la patrie, fût encore un problème à résoudre. Quoi qu'il en soit, la Commission est venue ; elle a vu, et sur les lieux elle a assis une opinion invariable ; personne ne l'a ignoré ici : unanime pour la conservation, elle l'a été pour la colonisation immédiate de la Régence. Nous croyons qu'elle aura des paroles sévères pour le système pratiqué jusqu'à ce jour, si c'est un système qu'une action gouvernementale aussi irrégulière et aussi peu suivie.

C'est devant vous aujourd'hui, Messieurs les Députés, que la question de la Colonie va être portée ; c'est vous qui en êtes les arbitres. Certes, peu de missions furent aussi belles et aussi hautes que la vôtre en cette occasion, et peu de projets aussi feconds pour la richesse nationale furent remis à la délibération des mandataires du peuple. Votre attention réfléchie et illimitée lui est donc acquise : nous espérons que vous ne refuserez pas votre bienveillance à cette pétition des colons d'Alger, dont l'objet est de vous dire quelques-unes des nombreuses considérations qui militent en faveur de la Colonie, de vous indiquer quelques principes qui, à notre sens, doivent servir de base à l'organisation de ce pays, et surtout de provoquer une mesure définitive, qui fixe désormais notre état, mesure que nous attendons depuis trois ans, et qui ne saurait être retardée plus long-temps.

Peut-être convient-il, pour apprécier dignement les raisons d'état qui engagent à coloniser Alger, de se placer à un point de vue historique, point de vue digne des méditations du gouvernement d'un peuple comme celui de la France, qui compte par siècles son existence nationale; en un mot, d'examiner les résultats qu'ont portés les colonies dans les différens âges de la civilisation, c'est-à-dire d'étudier les rapports de la marche parallèle de l'intelligence humaine, de la puissance et de la prospérité matérielle des nations, avec les progrès de leurs établissemens coloniaux. On peut sonder ces rapports dans la question d'Alger, en réfléchissant que notre influence et l'impulsion que nous allons donner, sinon notre domination, ne se borneront point à notre conquête, mais s'étendront de proche en proche par le contact immédiat sur tous les États Barbaresques, et que notre commerce pénétrera dans l'intérieur de ce continent. Déjà nous avons des élémens dans la population nègre d'Alger, pour lier prochainement des relations avec le centre de l'Afrique (1). Ces considéra-

(1) Il existe à Alger environ 2,000 nègres, presque tous de l'intérieur, beaucoup de Tombouton : on pourra, dans quelques années, former avec eux des caravanes armées, qui iront échanger nos produits dans les contrées du centre de l'Afrique.

tions sont d'un ordre élevé, et méritent qu'on en tienne compte. Mais, même en les écartant comme trop lointaines ou pas assez déterminantes, il reste assez de motifs actuels et pressans pour adopter sur-le-champ la grande mesure de la colonisation.

D'abord, quel est l'homme politique qui n'a recherché et mesuré le degré de prépondérance que donnera à la France une vaste et riche Colonie, peuplée de ses enfans, à deux journées de ses ports, avec un territoire de 14 mille lieues carrées, et un développement de 280 lieues de côtes ? Quelle puissance maritime n'acquerra point notre patrie par des ports et des mouillages tels qu'Oran, Mers-el-Kébir, Sidi-Ferruch, Alger, Bougie, Stora et Bonne, ports si rapprochés qu'on a pu dire qu'ils étaient dans les eaux de la métropole; positions maritimes qui commandent depuis le Détroit de Gibraltar jusqu'à Malte, et que les progrès de la navigation à vapeur rendent accessibles dans tous les temps, et dans toute hypothèse possible de guerre. Sans nul doute notre puissance sera grande sur cette mer qui baigne les côtes de France et celles d'Alger, telle, au reste, qu'il convient à la nation qui a le plus grand marché de la Méditerranée. Enfin, ce vœu d'un grand homme, qui fut toujours un vœu national, se réalisera dans son sens libéral : la Méditerranée sera un lac français, c'est-à-dire que, sous l'influence de notre esprit et le respect de nos armes, il y aura paix, protection commerciale, et progrès pour les nations riveraines.

Des considérations morales importantes à d'autres titres doivent presser le dénouement que nous sollicitons.

La société actuelle, telle que l'ont faite et organisée les progrès de la civilisation et les révolutions qui se sont succédées sur notre sol, est tourmentée par des besoins moraux et matériels dont beaucoup sont réels, et auxquels il ne serait pas toujours prudent de résister. La colonisation d'Alger, en offrant un immense débouché, une existence active et un avenir de fortune ou d'aisance aux jeunes générations et aux classes pauvres, plus travaillées par le mal que nous signalons et par l'encombrement de toutes les factions sociales, apaisera ce qu'il y a de fébrile et d'anormal dans ces agitations, en même temps qu'elle ouvrira un champ vaste à l'application des spéculations théoriques et des systèmes qui préoccupent les esprits avancés, mais dont l'expérience peut seule sanctionner l'utilité et l'adoption pour la société. Le gouvernement doit comprendre qu'il est sage aujourd'hui de ménager une voie par où puisse s'écouler cette sève d'activité, qui, faute d'aliment, retombe sur lui, trouble le jeu régulier de son administration, et s'attaque même aux bases fondamentales de l'ordre social. Peut-être aussi est-il dans l'intérêt de la conservation de la monarchie de créer des garanties pour l'impôt et la dette publique : ces garanties se trou-

veront dans la prospérité de la Colonie, et son influence sur le développement de la richesse de la
métropole.

Mais surtout ce qui doit fixer invariablement la
résolution du gouvernement de coloniser Alger,
c'est l'impérieuse nécessité de protéger nos intérêts
en souffrance, et d'ouvrir des débouchés à notre
commerce et à notre industrie exubérante : quelques réflexions suffisent pour le démontrer.

Depuis la restauration, dix-huit années de paix
ont accru dans une proportion très-considérable
nos forces productives, tandis que la consommation a été gênée, et les marchés européens fermés
par la jalousie des gouvernemens, l'hostilité de
leurs divisions politiques, et la sévérité des douanes,
qui en est la conséquence. D'un autre côté, le peu
de colonies que nous possédons encore touchent à
une crise fatale. Ces colonies, il est vrai, ont peu
d'importance réelle aujourd'hui que les positions
militaires et commerciales qui les avaient fait re-
chercher comme boulevarts et marchés des colonies plus importantes qui nous sont échappées
depuis un demi-siècle, n'offrent plus qu'une utilité contestée : il est vrai aussi qu'elles sont d'un
produit très-médiocre, insuffisant, et, en somme,
tellement onéreuses que la métropole ne peut long-
temps encore leur continuer les priviléges qui les
alimentent; mais cependant, telles qu'elles sont, nos
Antilles et nos Colonies au-delà du Cap entrent dans

la balance de nos affaires commerciales comme le
principal débouché de notre commerce transatlanti-
que. Mais déjà nous ne pouvons plus asseoir aucune
spéculation de longue haleine sur leurs besoins ;
et les négocians le savent si bien que chaque jour
ils resserrent leurs crédits avec nos îles, et cher-
chent à retirer leurs capitaux engagés. L'émanci
pation des nègres dans les colonies anglaises vient
de hâter en Amérique et aux Indes la catastrophe
qu'avait déjà préparée l'émancipation des hommes
de couleur. Dans ce concours de circonstances, la
France va manquer de ses marchés accoutumés,
l'industrie de débouchés assurés, et la population
de lieux certains d'émigration. Certes, on ne peut
songer à asseoir sans transition des relations entièrement nouvelles ; la chose n'est pas possible
sans une perturbation grave et un désordre ruineux.
Rien, en effet, n'est plus délicat dans l'exercice du
gouvernement que de changer les habitudes du
commerce, de lui faire abandonner les chemins
tracés pour en suivre de peu connus, ou adopter
des voies qu'il n'a pas sondées. Enfin, dans l'état
des rapports internationaux, ces relations nouvelles que poursuit la science économique, ne peuvent
s'établir d'une manière durable et utile que par un
changement graduel.

En résultat, les besoins du commerce, ceux plus
impérieux de l'avenir nous commandent de pré-
parer des débouchés, afin d'assurer une pondéra-

tion qui manque ou va manquer entre les élémens de la richesse publique. Nous y serons amenés aisément, et comprendrons d'autant mieux cet empire des choses, que nous réfléchirons à la portée du bill de l'émancipation des nègres. En cette occasion, l'application des principes de philanthropie a si bien concordé avec la politique de ses intérêts, qu'on doit croire que l'Angleterre a pris conseil seulement de ces derniers. En effet, ce bill, par ses résultats, en la débarrassant d'établissemens onéreux, jettera le trouble et la confusion dans toute l'Amérique, et anéantira prochainement dans une mesure considérable la production des pays à esclaves ; c'est sans doute son but. D'un autre côté, les débats au Parlement sur le privilége de la Compagnie des Indes, nous ont appris les projets du gouvernement britannique, de concentrer ses forces coloniales dans l'Inde, et d'en étendre l'action dans la Chine, les deux contrées qui produisent aux prix les plus bas toutes les denrées précieuses que l'Europe tire de ses colonies. Les calculs de l'Angleterre, car bien certainement cette puissance continuerait à nous fermer par ses droits élevés l'entrée de ses possessions, sont d'approvisionner tous les marchés européens. Ses calculs peuvent se réaliser, puisque ces produits ont un avantage de prix très-remarquable. La conséquence pour nous du succès de ces projets serait déplorable ; notre commerce maritime éprouverait une diminution notable; par une suite forcée, notre marine militaire : en dernière analyse, ce serait la perte d'une belle portion de notre puissance nationale. Un resserrement des affaires suivrait cet état de choses, et amenerait un épuisement de nos richesses et de nos capitaux, qui ne se maintiennent ou ne s'augmentent, comme partout, que par le mouvement. On le voit, en dehors de la loi du progrès, une des conditions de l'existence actuelle des nations nous impose la colonisation d'Alger; des raisons d'état d'une immense portée nous la prescrivent comme une impérieuse nécessité.

La Régence remplacera aisément nos autres colonies; elle sera nos grandes Indes à nous : ceci n'est point aventuré. Colonie moins brillante, moins riche sans doute que l'Inde anglaise, elle sera plus solide et plus réelle : car le progrès, loin d'être comme pour celle-ci un élément de destruction de la conquête, sera une attache à notre domination et à ses avantages, et accomplira une fusion possible entre les vaincus et les vainqueurs, parce que la balance du nombre s'établira promptement entre les uns et les autres, et parce que l'avancement politique sera en raison de la force que la colonie puisera dans le rapprochement de la métropole.

La Régence, à quelques dizaines d'heures des côtes de France, exploitée par une population intelligente, libre, incessamment croissante, et à qui profiteront chaque jour les découvertes des sciences et de l'industrie, ne sera pas soumise aux lois du progrès des autres établissemens coloniaux; son developpement et sa prospérité seront rapides, et si l'on voulait les rapporter à un terme de comparaison, on devrait le chercher dans les États-Unis. Il est facile de justifier les bases de cette appréciation. Certes, les calculs des prévisions les plus sages nous démontrent que la colonie s'enrichira pendant long-temps de la majeure partie de cette population nombreuse qui chaque année abandonne les côtes d'Europe pour le continent américain. En effet, une somme d'avantages matériels et politiques aussi grande que dans les contrées les plus favorisées de l'Amérique, et de plus, le voisinage de la patrie lui feront prendre la direction d'Alger ; ainsi, les bras que beaucoup d'autres causes augmenteront sans cesse, abonderont bientôt, et la production s'étendra. Enfin, ne nous suffit-il point pour résoudre notre proposition, de rappeler que la Régence n'a pas moins de 14 mille lieues carrées, qu'elle possède un sol varié et fertile, jouit d'une température propice aux denrées coloniales les plus précieuses, et qu'elle est située, pour ainsi dire, aux portes des plus vastes marchés du monde? Cette province présente, dans un rayon rapproché de la mer, d'un accès et d'une défense facile en peu d'années, 1500 lieues carrées de plaine et de vallées où réussiront, sans nul doute, les plantes intertropicales. (1)

Le rapport de cette partie du sol de la Régence en produits coloniaux dépassera de beaucoup les limites de la consommation de la France : le seul territoire du massif d'Alger, de la Metidjah et des pentes de l'Atlas sur cette plaine, territoire où la colonisation doit se concentrer d'abord, livrera à l'exportation, suivant des calculs modérés, 100 millions de denrées que la France achète à l'étranger. On peut conclure de cette donnée.

(1) Les plaines les plus remarquables sont celles de Bonne, de Constantine, de Suderatah, dans le Beylic d'Oran, celles de Romalcah, de Tremesen. Les vallées les plus étendues sont celles du Scheliff, du Summane, de l'Adouse, etc.

Le massif d'Alger présente environ une superficie de 70 mille hectares carrés entre Matifou et Cherchen; la Mitidjah 80 mille; les pentes de l'Atlas sur la plaine 100 mille. La température d'Alger, un des points les plus froids de la côte varie entre 8 et 35°; la moyenne est 18 1/2, celle de la Metidjah, abritée par le massif contre les vents de la mer, a généralement une différence en plus de 2 degrés. Le café et le sucre prospèrent dans un climat variable entre 8 et 24 degrés centigrades. Le coton et l'indigo sont plus robustes. Ce rapprochement des températures où prospèrent les 4 denrées coloniales les plus précieuses ne laisse aucun doute sur leur réussite dans la Mitidjah, même en ne tenant pas compte des nombreuses et heureuses expériences des colons. Les 80 mille hectares carrés de la plaine, et les 20 mille des gorges de l'Atlas qui débouchent sur la Mitidjah, pourront être consacrés à ces cultures, tandis que le massif et les flancs de l'Atlas, couverts de bois d'oliviers sauvages, qui ne reclament d'autre soins que la greffe, et où le mûrier vient très vite et très-beau, produiront en abondance de l'huile ainsi que de la soie.

En somme, tous les intérêts, toutes les raisons politiques se rencontrent pour la colonisation d'Alger, et, après avoir remarqué que c'est une nécessité pour nous, observons que la conquête de la Régence n'est point un besoin nouveau en Europe, et que d'ailleurs elle est forcée aujourd'hui par l'état des populations indigènes.

On comprend au premier coup d'œil que les côtes méridionales de cet admirable bassin de la Méditerranée, qui fut si long-temps le centre de gravité des mouvemens du commerce et des progrès des nations anciennes et modernes, ne pouvaient tarder d'entrer dans la sphère d'activité de la civilisation européenne. Les peuples policés, si jaloux de protéger leur commerce, ne pouvaient laisser exister toujours la barbarie et la piraterie, pour ainsi dire, en vue de leurs ports ; un peu plus tôt, un peu plus tard, ils devaient y porter leurs armes et leur civilisation. Il est digne d'attention que l'Espagne et le Portugal, à l'époque même où ils découvraient l'Amérique et étendaient leur domination dans l'Inde, firent des efforts inouis pour dompter les États Barbaresques et s'y établir d'une manière permanente : leurs nombreuses tentatives attestent, ainsi que la persévérance de leurs desseins, l'existence réelle du besoin dont nous parlons. Ceuta, le Présidial, Oran, et d'autres points occupés par l'Espagne n'étaient autre chose que des jalons pour une conquête toujours méditée.

Si ces nations ne menèrent pas à bonne fin les guerres qu'elles entreprirent, c'est que la science militaire n'était pas assez avancée pour leur donner une supériorité incontestable, et que, d'un autre côté, les gouvernemens mieux établis, plus compacts alors, opposèrent des résistances plus grandes à l'agression ; mais ce qui fut ardu, est devenu d'une exécution facile et certaine.

De nos jours, l'empire de cette nécessité s'est fait sentir, et c'est par les sommités gouvernementales qu'il s'est divulgué. La conquête d'Alger fut une des idées, un des projets familiers de Napoléon, et elle a été proposée au congrès de Vienne.

Enfin, Alger ne peut plus être abandonné aujourd'hui : l'état de décadence des peuples de ces côtes, leur peu de consistance numérique, les profondes divisions qui les épuisent, leur dépérissement assez rapide depuis un siècle, et leur inaptitude bien marquée à maintenir ou élever désormais des états durables, comparée à l'importance de leur vaste territoire, nous avertissent que ces populations touchent au terme de leur existence politique. En un mot, la Régence ne nous échapperait que pour passer aux mains d'une nation européenne.

Deux grands événemens pour le monde civilisé semblent devoir s'accomplir dans ce siècle, et recéler dans leur sein les immenses ressources d'un développement inconnu jusqu'ici ; c'est l'invasion plus intime de l'Inde et celle de la Chine par le commerce européen ; en second lieu, la colonisation des États Barbaresques.

La France, à notre sens, a donc obéi, par sa conquête, à une impulsion irrésistible de la civilisation ; elle a accompli un de ces événemens féconds que le génie de l'humanité inspire à de longs intervalles, et qui influent si fortement sur sa marche : en peu de mots, la colonisation d'Alger nous est prescrite par tout ce qu'il y a de grand dans la vie d'une nation, et notre patrie ne pourrait y renoncer sans manquer à la destinée qui l'a mise depuis un demi-siècle à la tête de toutes les grandes choses, et à son génie, à sa force et sa puissance.

Tout concourt à fixer les résolutions du gouvernement, résolutions éclairées et fermes : l'opinion publique s'est hautement manifestée par toute la France, et elle a eu pour organes des voix généreuses à la tribune, des écrivains habiles dans les journaux qui lui ont prêté l'appui de leur éloquence et de la raison. Nous en avons donc l'espérance, notre question est aujourd'hui gagnée en principe, et personne ne désertera ce grand intérêt national.

Dans ces circonstances, il importe que la colonisation d'Alger, assurée en fait par tant de travaux et par tant de dépenses, le soit en droit par une mesure législative ;

A la condition seulement d'une reconnaissance officielle et légale , et d'une organisation où notre état soit réglé, qui lie imperturbablement Alger à la France, les capitaux si timides de leur nature, et les forces dont notre nation peut disposer pour la colonie viendront féconder ce sol.

Cette reconnaissance, que nous ne séparons pas de l'organisation qui doit la contenir explicitement ou implicitement, est réclamée bien vivement par la population coloniale, qui épuise, depuis trois ans, dans l'incertitude de l'avenir et la prudence du doute ses capitaux et ses forces, et qui succomberait immanquablement si cet état précaire devait durer. Sa position, Messieurs, mérite votre sollicitude, car elle a, sur la foi des actes du gouvernement, compromis son existence et sa fortune, et elle a attiré, par la persistance de ses efforts et les résultats qu'elle a obtenus, l'intérêt public sur la Colonie. La mesure décisive que nous réclamons avec tant d'instance, toute désirable qu'elle soit pour nous, sera plus utile encore au gouvernement, qui, sans fruits productifs, verse pour l'occupation des sommes au moins suffisantes à la protection militaire nécessaire à la colonisation. Dès-lors tout s'aplanira ; les hostilités cesseront ou perdront leur caractère de gravité, car avec cette mesure l'administration locale aura la force et la résolution, deux choses éminemment respectées et redoutées par les indigènes, et qui seront toujours efficaces pour les comprimer. La colonisation s'opérera sans efforts, d'elle-même, et sans secours onéreux du Trésor, pourvu que le travail n'y soit point gêné ni exposé aux caprices d'un pouvoir discrétionnaire. La population coloniale se sent assez de force, avec celle qui viendra la joindre, pour coloniser et féconder le pays dans le rayon où nous nous étendrons d'abord, sans aide d'argent ni de bras de l'armée.

La mission active du Gouvernement en dehors du cercle ordinaire de ses fonctions sera simple, et elle se bornerait, si l'on s'en rapportait aux demandes des colons, à un petit nombre de mesures essentielles dont voici les principales :

En premier lieu on place l'adoption d'une ligne de conduite vis-à-vis des indigènes non point passionnée et changeante, comme elle fut souvent, mais en toute circonstance suivie et habile; une ligne de conduite dont le principe soit invariablement une justice réfléchie, exercée, droit sévère et plutôt inflexible, parce qu'elle s'adresse à un peuple penseur, délié, perfide, dont la mémoire n'oublie rien et dont le sentiment le plus profond est celui de la justice, mais de la justice avec la force et la sévérité, les seuls caractères aimables et respectés par lui; une ligne de conduite dans laquelle on sache employer d'autres moyens de domination que les armes, où on ne sacrifie point la tranquillité et l'avancement, qui arrivent par un

progrès naturel, aux avantages personnels de guer-
royer, et enfin dans laquelle on prépare, par un
système bien entendu d'éducation sur les jeunes
générations à notre portée, par l'appât du gain et
par des relations commerciales plus intimes, une
communauté d'idées et une fusion des intérêts matériels respectifs; en résumé, une administration
qui combine incessamment, et dans la proportion
rationnelle de chaque événement et de chaque
époque, les moyens d'adresse et de vigueur, et qui
ait pour direction et pour but constant de faire
tourner au profit de la Colonie les bras qui luttent
contre elle aujourd'hui.

Si nous passons à d'autres mesures, nous cons-
tatons le vœu général que la colonisation soit concentrée pendant les premières années dans la Mitidjah et le massif d'Alger, afin de créer une force
qui ait ses racines dans le sol et qui soit une base
d'opérations pour le reste de la Régence. Dans ce
but, l'occupation des débouchés de l'Atlas et celle
immédiate de Blida devront avoir lieu sans retard.
Le plan de défense de la Mitidjah indiqué par M. le
maréchal Clausel, d'une exécution facile et pas plus
coûteuse que l'occupation actuelle, porterait de
très-heureux résultats.

On souhaite la continuation par l'armée des
grands travaux de routes et de canaux, tels qu'ils
ont été conçus jusqu'à présent. La question du des-
séchement et de l'assainissement de la Mitidjah

est résolue par les travaux qui s'exécutent en ce moment; elle l'est d'une manière plus favorable encore que ne l'avaient prévu les calculs du génie militaire.

L'encouragement de l'émigration dans la Colonie réclamera les soins du gouvernement.

Mais il faudra d'abord fixer la nature des rapports de la Colonie avec la métropole. Tout le monde comprend à peu près qu'Alger ne peut devenir un département français; son état d'exception que lui imposera une législation particulière, nos relations pacifiques avec les peuples voisins qui nous défendent de leur fermer l'accès de ses côtes, et de les priver entièrement des avantages qu'ils y recueillaient autrefois, un grand nombre d'intérêts de détail trop longs à rappeler, mais dont les plus saisissables sont les inconvéniens de la contrebande, qui opéreraient à l'aise à Alger, s'y opposent sans retour. La Régence doit donc rester une Colonie Française; mais ce n'est point dire que le système colonial, adopté pour nos autres possessions, doive lui être appliqué. Ce système vicieux est jugé depuis long-temps, les intérêts bien entendus de la métropole, ceux des colonies le repoussent également. Alger saurait le dire : ce que nous réclamons, c'est un système qui ne soit la prohibition d'aucun pavillon, d'aucune marchandise, parce que la concurrence est un des élémens nécessaires à la prospérité du pays. Ce que nous réclamons, c'est un système qui ait une préférence pour le pavillon français, une faveur pour les marchandises de la métropole, afin d'assurer à la France la plus grande somme du commerce d'Alger. Cette faveur nous semblerait bien établie, si elle avait pour base la différence au moins du prix des produits français aux prix des produits étrangers de même nature. De son côté, la Colonie en demandant la liberté d'exportation, acceptera l'assimilation de ses produits à ceux de l'étranger à leur entrée en France, toutefois avec une différence de droits d'un tiers ou d'un quart au moins sur les derniers ; cet avantage est désirable et utile pour que l'exportation d'Alger n'ait point intérêt à prendre une autre direction que celle de la France, et ne fasse pas profiter de préférence des étrangers du mouvement des affaires qu'elle provoquera, et en outre, pour l'encouragement de la Colonie, qui a besoin de marchés favorables, parce que la production sera d'abord chère. Ce système désiré par nous, doit convenir à la France, qui n'en sera point gênée, et pourra poursuivre sans froissement l'extension des relations qu'elle recherche aujourd'hui. L'abolition de la quarantaine, inexplicable pour un pays aussi sain que la Régence, fait partie des moyens les plus sûrs de faciliter des rapports nombreux et profitables entre Alger et la métropole.

Enfin ce que nous sollicitons avec plus d'instance du gouvernement, c'est une organisation du pays, mais une organisation large, qui tienne moins compte des besoins et de la consistance de la population actuelle, que de ses besoins et de son importance future; où puisse se mouvoir à l'aise la population nombreuse et façonnée aux habitudes de liberté pratiquées en France qui ne manquera pas d'accourir dès que les chambres se seront prononcées; où soient combinées les exigences de l'avenir et du progrès, pour qu'il ne devienne pas nécessaire de la refondre de long-temps; car rien ne trouble et ne suspend la production comme la discussion des conditions de son existence. Cette organisation telle que nous la concevons, et qui ne doit avoir rien de semblable à l'état actuel, état sur lequel nous tirons le voile en faveur de l'avenir, nous semblerait devoir coordonner comme principes les bases suivantes.

Un gouvernement qui ait des garanties de durée et qui puise dans cette condition indispensable les moyens d'unité, d'ensemble, de force et de progrès, sans lesquels aucun système de colonisation ne pourrait se développer.

L'autorité supérieure concentrée en une seule main, afin d'obtenir par l'unité de système et l'unité d'action, des résultats rapides et concordans.

Un pouvoir qui soit une délégation des droits de chaque ministre, et dont l'exercice régulier, soumis, dans son ensemble, à la surveillance du ministère , reste dégagé cependant dans les limites du crédit ouvert d'autorisation de détail et d'un contrôle inefficace sinon impossible , par cette considération que les besoins de la Colonie, à cause de leur état d'exception , exigent essentielle-ment des connaissances locales pour être discutés et appréciés d'une manière utile.

Un chef qui dispose, à l'égard des indigènes, des moyens d'autorité et de force nécessaires au succès de sa mission militaire, en même temps que son pouvoir vis-à-vis des populations colonia-les, devra être resserré par les limites nettement exprimées et posées d'un ordre légal qui garan-tisse dans le cercle de la loi et dans la plénitude de leur jouissance, la liberté et la securité, premiers besoins de la production.

Un conseil colonial avec des attributions au moins analogues à celles des conseils de départe-mens, qui, par son action régulière, protège les intérêts actuels, et propose des lois et les moyens de développement que les exigences de l'avenir réclameront.

Une administration de la justice complète, of-frant dans son personnel des garanties de capacité et d'indépendance, par l'inamovibilité ; en outre, débarrassée des formes compliquées de la procé-dure, la plupart inutiles, longues et coûteuses, repoussées d'ailleurs depuis long-temps par les meilleures théories ; une administration qui se rapproche le plus possible de cette règle ; justice prompte et à bon marché, dont l'adoption doit diriger nos tribunaux dans un pays où l'action de la justice est rapide et gratuite, à peine de perdre la haute influence qui nous viendra par la supériorité de nos lois, règle avantageuse encore pour la population coloniale, qui a besoin de ménager et d'économiser son temps et ses capitaux.

Surtout une organisation qui ne recherche pas des ressources financières dans la Colonie, mais qui ait, au contraire, pour principe de protéger, d'encourager le travail et le mouvement des capitaux ; et certes, il importe d'y refléchir : un système différent épuiserait promptement, au préjudice de l'avenir, et sans résultat pour le présent, les forces productives actuelles et prochaines de la Colonie ; et cependant ces forces rares mais croissant chaque jour ont une grande puissance relative, et créeront en peu d'années un immense capital qui paiera avec usure au trésor et au commerce français les avances qu'ils auront faites. En concluant, il y a intérêt, sagesse et économie pour tous d'adopter ce principe.

Le seul impôt et encore très-modéré qui puisse grever la Colonie, sans trop lui nuire, est celui de la douane ; il est aussi le seul qui puisse être efficace pour le trésor, équitable et bien pondéré pour la population ; efficace, parce que, presque sans exception, les objets de consommation arriveront par l'importation, et que la production aura intérêt à établir des productions exportables; équitable, en ce sens qu'il atteindra à la fois et dans une juste proportion les indigènes et les colons. Cet impôt comporterait une exception : c'est la franchise absolue des instrumens aratoires et de quelques autres agens de production de première nécessité.

Tels sont en somme quelques-uns des principes qui doivent, selon nous, servir de base à l'organisation d'Alger : mais que ces principes soient adoptés par vous, ou que d'autres leur soient préférés, nous devons vous le dire, Messieurs, l'importante question est qu'une mesure législative organise ce pays, et lie enfin par le droit, comme il l'est déjà par le fait, son sort à celui de la patrie commune. Il ne peut y avoir confiance et progrès qu'à ce titre, et sans cela il n'y a que dépérissement pour la Colonie, pertes pour le trésor, et déconsidération pour l'honneur national.

Vous, Messieurs les Députés, qui allez mesurer dans votre sagesse et dans vos lumières les nombreux avantages d'Alger pour la France à peine indiqués par nous, vous qui pouvez les apprécier comme un dédommagement des guerres onéreuses d'Espagne, de Morée et d'Anvers, vous voterez, nous l'espérons, la Colonisation de la Régence, et vous saurez la provoquer, si le gouvernement tardait plus long-temps à vous la proposer. Dépositaires des intérêts et de l'honneur du pays , vous , Messieurs , dont la mission est de protéger les premiers par toutes les voies à votre portée, de conserver le second intact, et de lui donner sans cesse plus d'éclat par des résolutions grandes et utiles, vous n'hésiterez point, et vous aurez , Messieurs, écrit une des plus belles pages de notre histoire.

Nous avons l'honneur d'être avec le plus profond respect ,

Messieurs les Députés ,

Vos très-humbles et très-obéissans serviteurs,

Les Membres composant la Commission des Colons :

L. NADAUD , *Vice-Président* , V. RANC ,
B. GACEDOIT , P. FABUS ,
A. VILLERET , ROUX fils ,
Augustin MERCIER , B. BAUDOIN ,
COLOMBON , *Secrétaire-Adjoint*,
L. JUBIN.

Les Membres composant la Chambre de Commerce d'Alger :

BOUTIN , F. GOYON ,
Max[e] ISNARD , L. GIROL, *Président.*
L. JUBIN ,

PÉTITION AUX CHAMBRES

Signée par toutes les Notabilités du Commerce
de Marseille sur le même objet.

MESSIEURS LES DÉPUTÉS,

Une pétition des habitans d'Alger vient d'appeler votre attention sur l'état actuel de cette Colonie. Les soussignés viennent, dans l'intérêt de Marseille et de la France entière, appuyer cette demande dont la haute importance n'aura point échappé à votre sagesse.

Il est temps, en effet, Messieurs, de mettre un terme à ce déplorable provisoire qui depuis si long-temps a rendu inutiles tous les efforts et les sacrifices du commerce, qui paralyse les ressources de nos possessions d'Afrique, et compromet de plus en plus les immenses capitaux qui s'y trouvent engagés.

La possession de l'ancienne Régence d'Alger, achetée au prix du sang de nos soldats, et pour laquelle le trésor a déjà fait de si fortes avances, ne saurait maintenant être remise en question. L'honneur national, l'intérêt de la France y sont engagés de manière à interdire tout pas rétrograde. Pourquoi donc montrer encore une hésitation irritante, propre seulement à retarder le développement des avantages qu'il serait si facile d'assurer?

Ces avantages immenses, incalculables, sont généralement appréciés aujourd'hui ; ajouter de nouveaux détails à ceux que tout le monde connaît, et dont la pétition des colons présente l'analyse, ce serait abuser des instans de la Chambre : les vœux, les besoins de la Colonie y ont été exposés ; Marseille, dont la population se trouve plus directement intéressée à la prospérité de la Colonie, se joint à elle pour vous supplier d'y satisfaire.

Vous pouvez, Messieurs les Députés, marquer la session de 1834 par un acte mémorable et vraiment national, un acte auquel toute la France applaudira : fixez le sort de notre Colonie, qu'une mesure législative règle définitivement son organisation, et vous aurez attaché à vos noms une gloire bien grande et bien pure, celle d'avoir ouvert la plus vaste carrière à la prospérité publique.

Les soussignés réclament donc de votre justice :

1° L'adoption d'une loi qui ne laisse plus aucun doute sur la possession et la colonisation d'Alger, et qui règle définitivement la position de ce pays à l'égard de la métropole ;

2° Le choix d'une législation adaptée aux besoins et à la position particulière des diverses populations de ce pays, qui établisse l'indépendance nécessaire entre le pouvoir civil, la magistrature et l'armée, et présente enfin toutes les garanties de droit à la propriété, à l'industrie et au commerce ;

3° L'organisation d'un système commercial qui favorise les produits industriels et agricoles de la France sur les marchés de la Colonie, et accorde une protection efficace à notre marine marchande;

4° L'établissement d'un système de défense militaire qui puisse offrir aux colons une protection plus efficace que celle qu'ils ont obtenue jusqu'à ce jour du système actuel.

Enfin, les soussignés attendent de vos lumières et de votre patriotisme tout ce qui peut protéger et faciliter une colonisation dont toute la France apprécie l'importance.

Nous avons l'honneur d'être, etc.

Le Conseil Municipal de la ville de Marseille, dans sa séance du 5 février, sur la proposition de M. Dervieu, conseiller municipal, a émis le vœu, à l'unanimité, de voir bientôt cesser l'état provisoire de cette Colonie.

La Chambre de Commerce de la ville de Marseille, dans sa séance du 10 février, a fait parvenir au Gouvernement l'expression des mêmes vœux.